L'ÎLE AUX CENT MILLE MORTS

SCÉNARIO
FABIEN VEHLMANN

DESSIN
JASON

COULEUR
HUBERT

Glénat

« Merci à Géraldine, pour m'avoir fait découvrir le travail de Jason ».

Fabien Vehlmann

COLLECTION

- *Blaise* de Dimitri Planchon
- *Blaise 2* de Dimitri Planchon
- *La Chair de l'Araignée* de Hubert & Marie Caillou
- *Le Chanteur sans Nom* d'Arnaud Le Gouëfflec & Olivier Balez
- *Entre les Ombres* d'Arnaud Boutle
- *Erzsebet* de Cédric Rassat & Emre Orhun
- *Les Exploits d'un jeune Don Juan* de Georges Pichard
- *Le Fils d'Hitler* de Pieter de Poortere
- *Girls Don't Cry* de Nine Antico
- *L'Île aux cent mille Morts* de Fabien Vehlmann & Jason
- *Marie-Gabrielle de Saint-Eutrope* de Georges Pichard
- *L'Orage* de Carlospop & Moutch
- *Topless* d'Arnaud Le Gouëfflec & Olivier Balez

www.glenatbd.com

© 2011, Éditions Glénat
Couvent Sainte-Cécile, 37 rue Servan, 38000 Grenoble.
Tous droits réservés pour tous pays.
Dépôt légal : janvier 2011.
ISBN : 978-2-7234-7679-9
Achevé d'imprimer en Belgique en janvier 2011 par Lesaffre,
sur papier provenant de forêts gérées de manière durable.

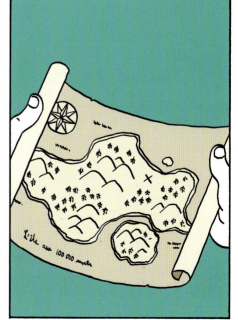

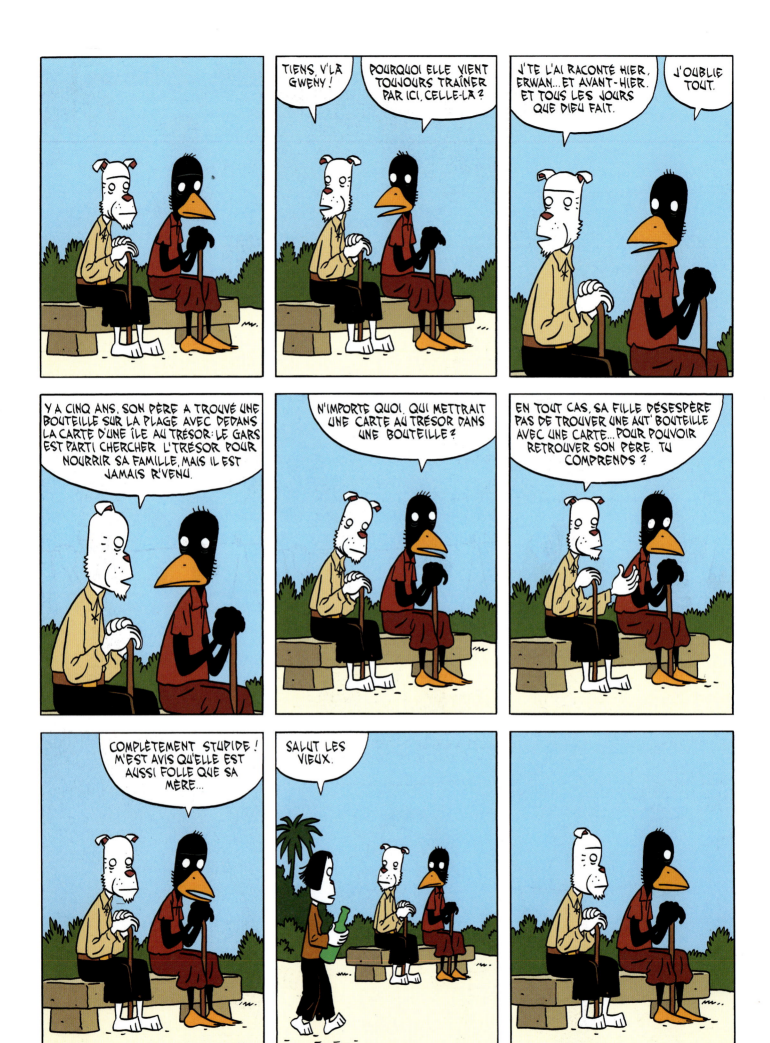

4

J'AI BESOIN DE MARINS POUR CHERCHER UN TRÉSOR.

DÉGAGE.

C'EST LE TRÉSOR DE L'ÎLE AUX 100 000 MORTS.

LE TRÉSOR LÉGENDAIRE ...

L'ÎLE AUX 100 000 MORTS... BEAUCOUP L'ONT CHERCHÉE, MAIS NUL N'EN EST JAMAIS REVENU...

J'AI TROUVÉ UNE CARTE QUI DIT OÙ EST L'ÎLE. JE VOUS GUIDERAI SI VOUS M'EMMENEZ AVEC VOUS.

ET CETTE CARTE, TU L'AS SUR TOI?

NON, JE L'AI MANGÉE.

IL Y A LONG-TEMPS?

PLUSI-EURS JOURS.

AH, TANT PIS.

ET QUI ME DIT QUE TU RACONTES PAS D'HISTOIRES ?

CE BOUT DE LA CARTE QUE J'AI GARDÉ EXPRÈS.

ON TENTE LE COUP, CHEF ?

PARAÎT QU' C'EST UN TRÉSOR SANS PAREIL, AVEC DE L'OR, DES DIAMANTS, DES PERLES !!

C'EST ENTENDU. NOUS PARTIRONS AVEC LE LAIDERON.

OUAIIIS !

JE M'APPELLE GWENY !

HAHA ! T'AS DU CRAN, J'AIME ÇA.

HOURRA POUR GWENY, COMPAGNONS !

UNE CHASSE AU TRÉSOR !

HOURRA !

ÇA FAISAIT LONGTEMPS !

VOUS COMPTEZ VRAIMENT L'EMMENER AVEC NOUS, CHEF ?

LE TEMPS QU'ELLE NOUS MONTRE L'ÎLE, CAMARADE... ELLE IRA ENSUITE SALUER LES REQUINS.

COCO EST CONTENT.

11

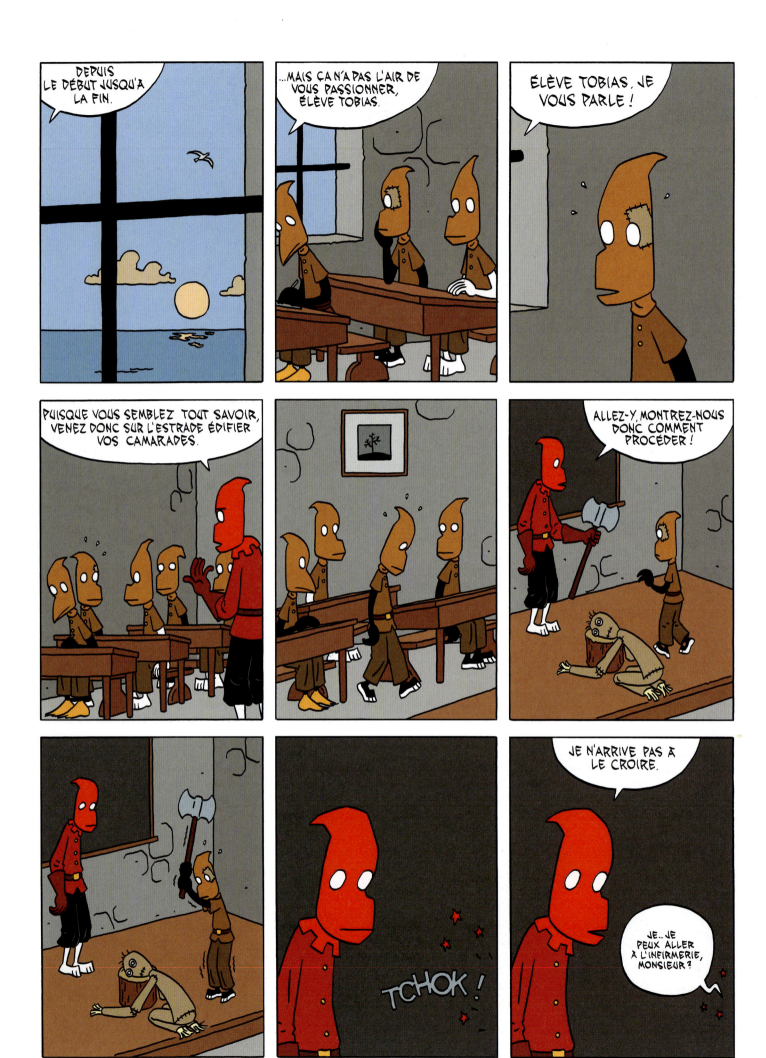

12

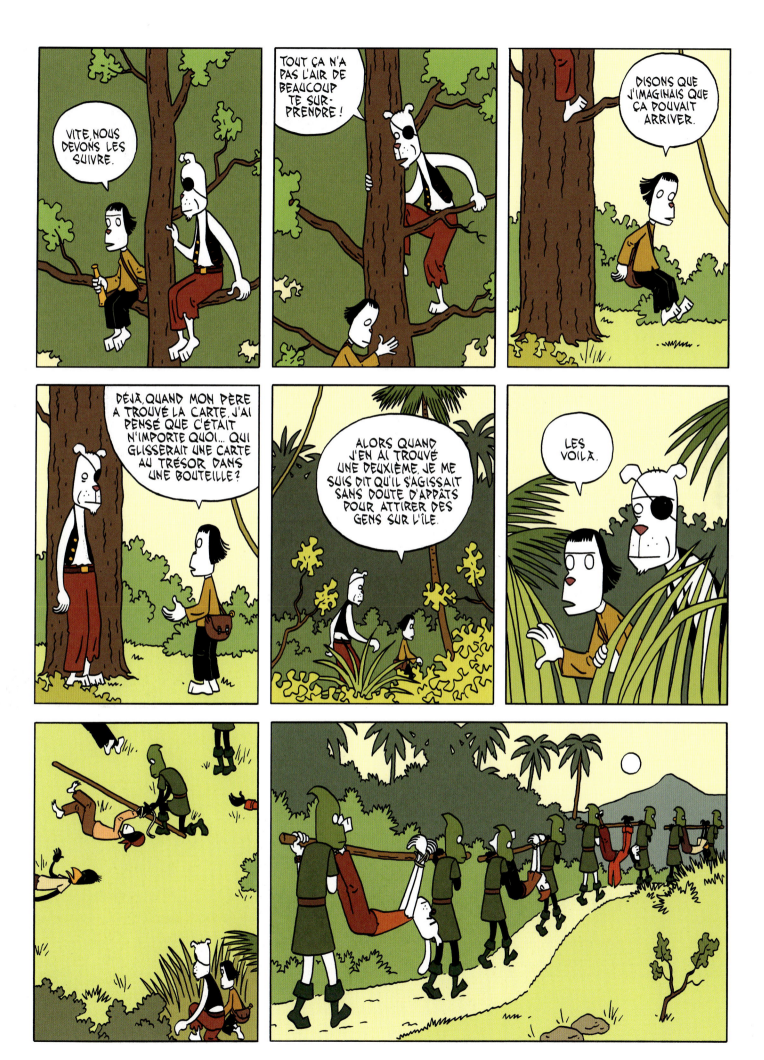

18

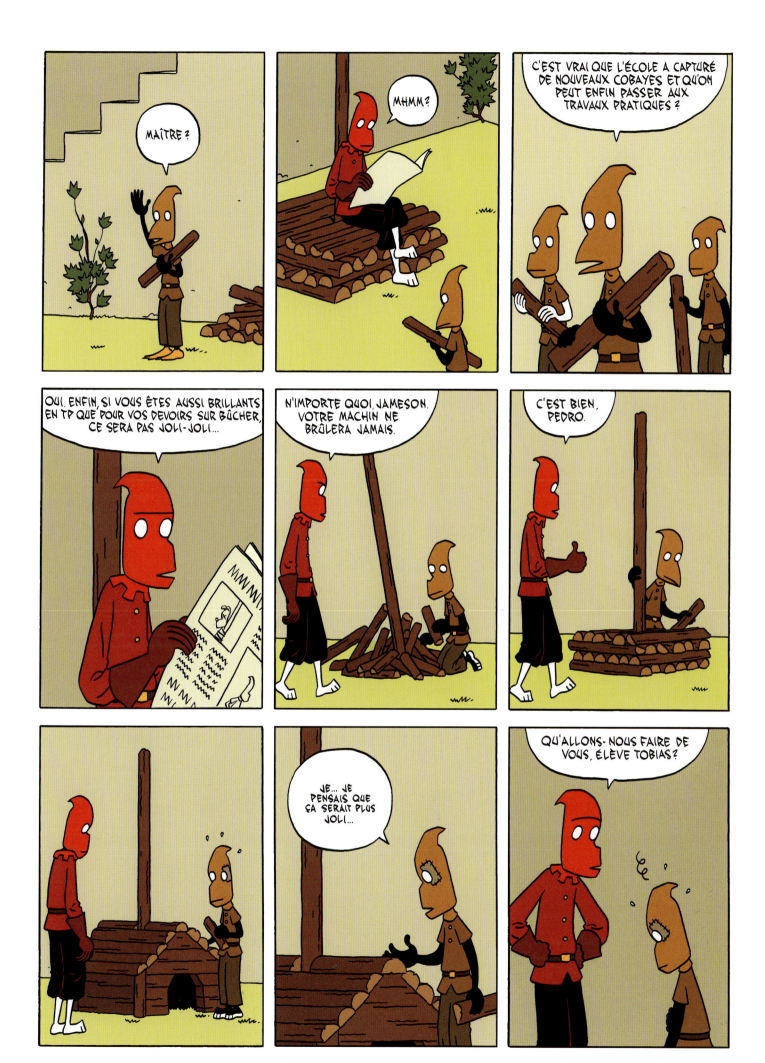

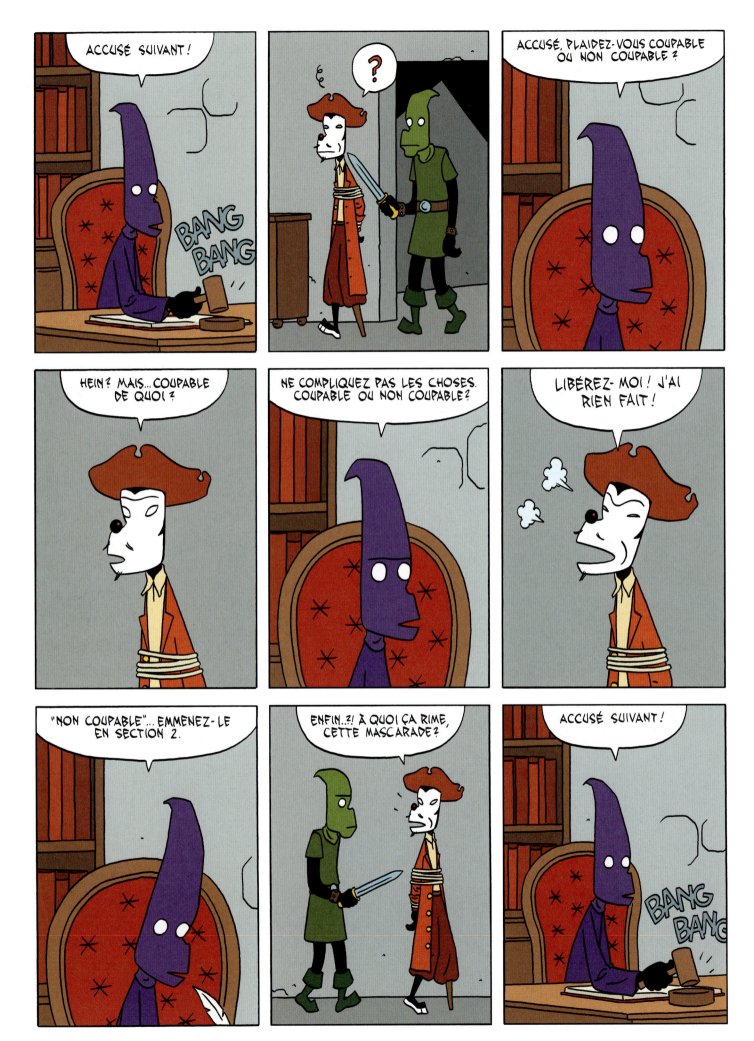

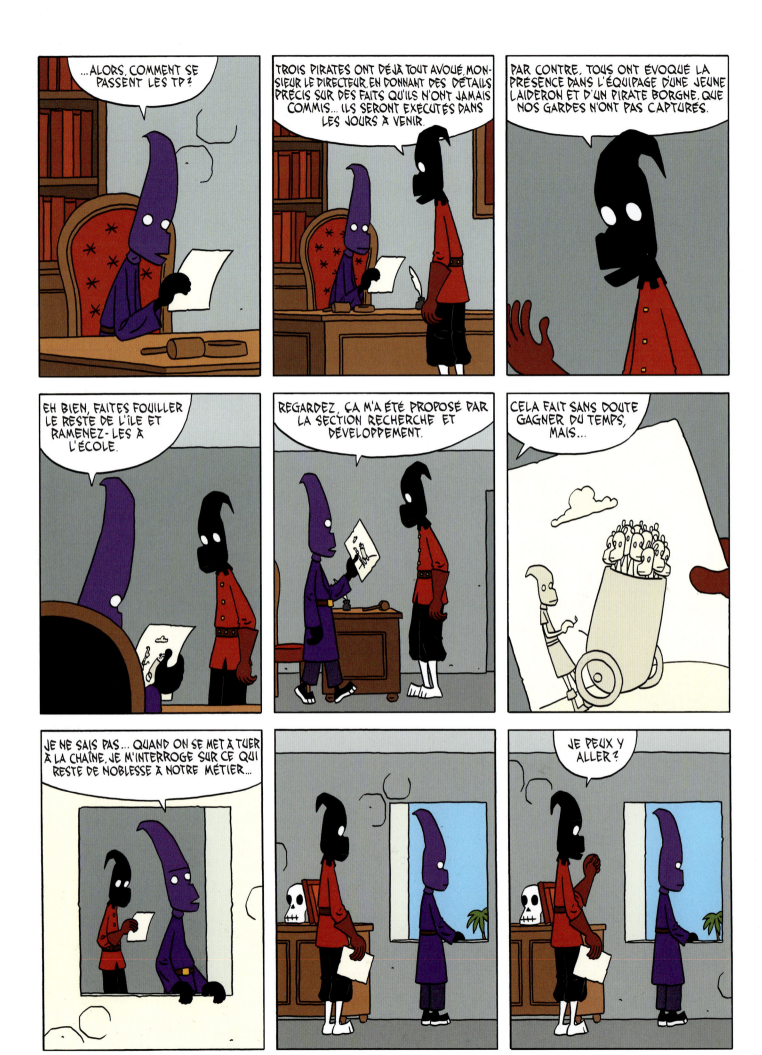

ALORS, VOUS N'AVEZ RIEN TROUVÉ ?

HON-HON...

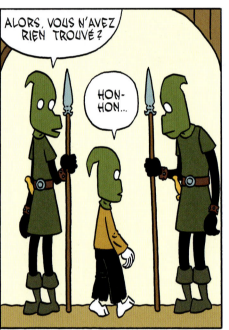

LA BONNE VIEILLE RUSE DU VOL DE CAGOULE.

HA HA HA !

ON NOUS PREND VRAIMENT POUR DES BUSES.

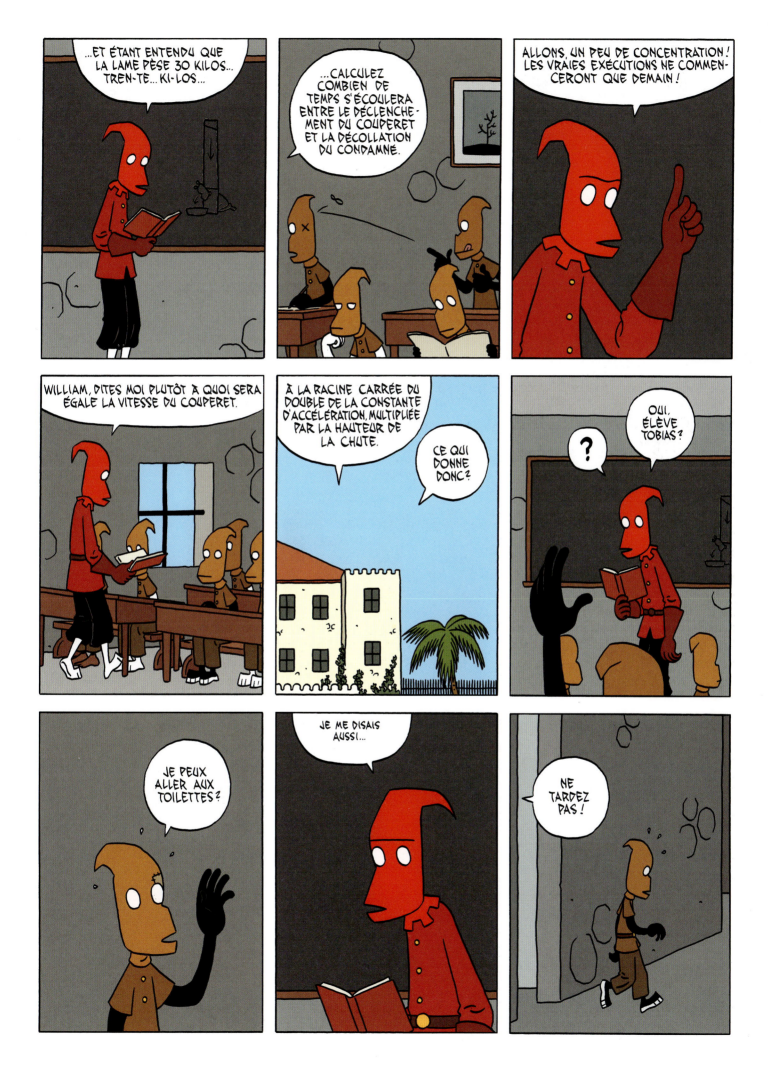

25

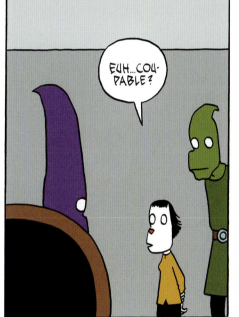

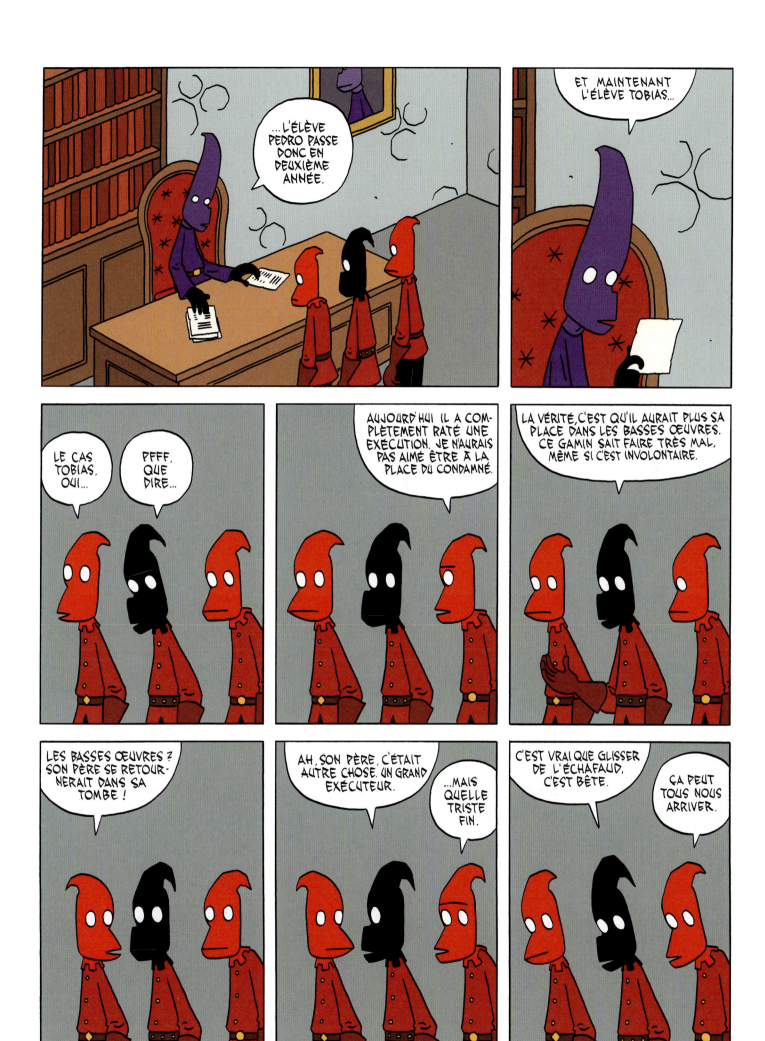

29

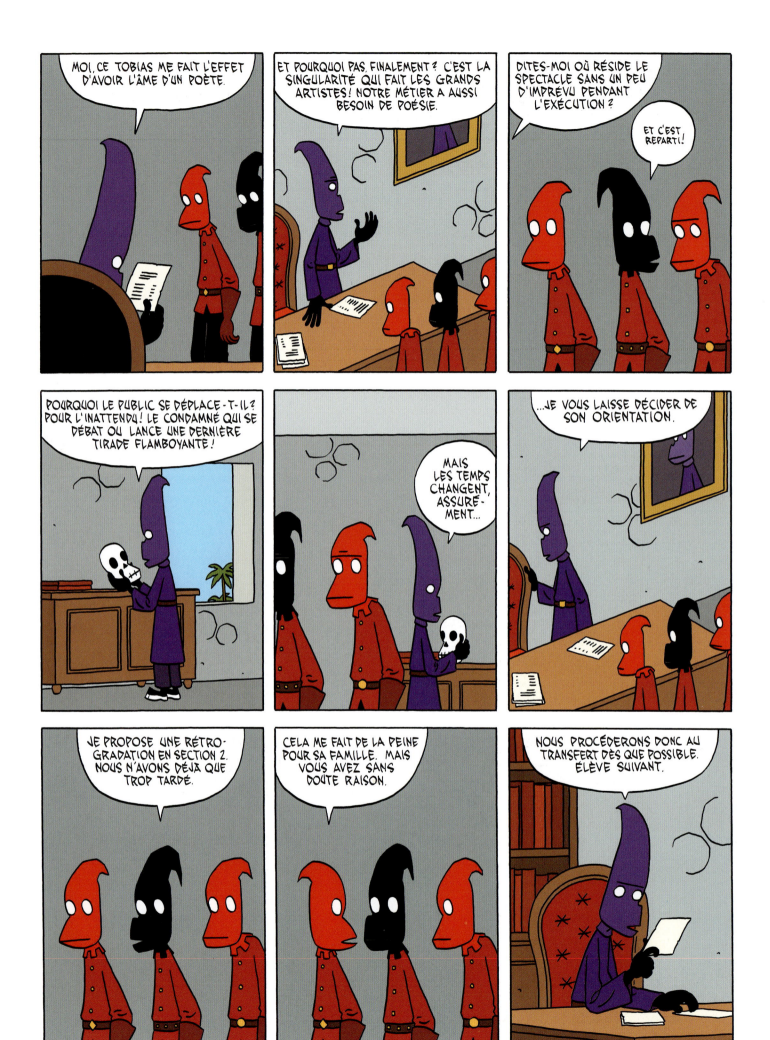

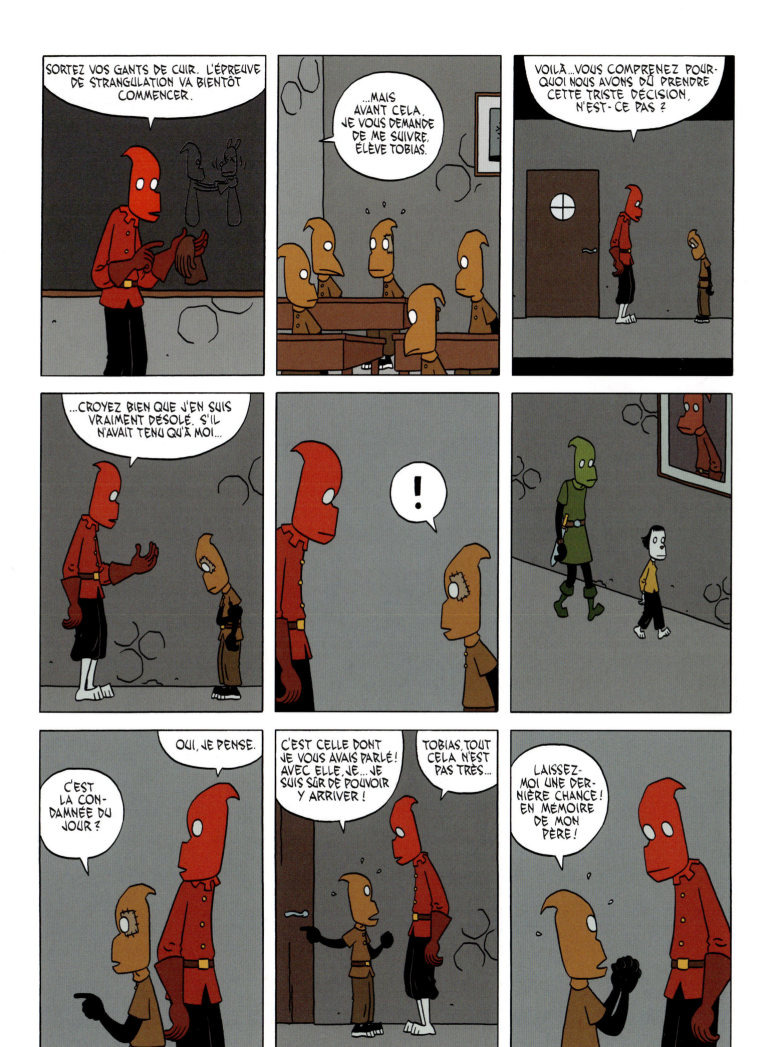

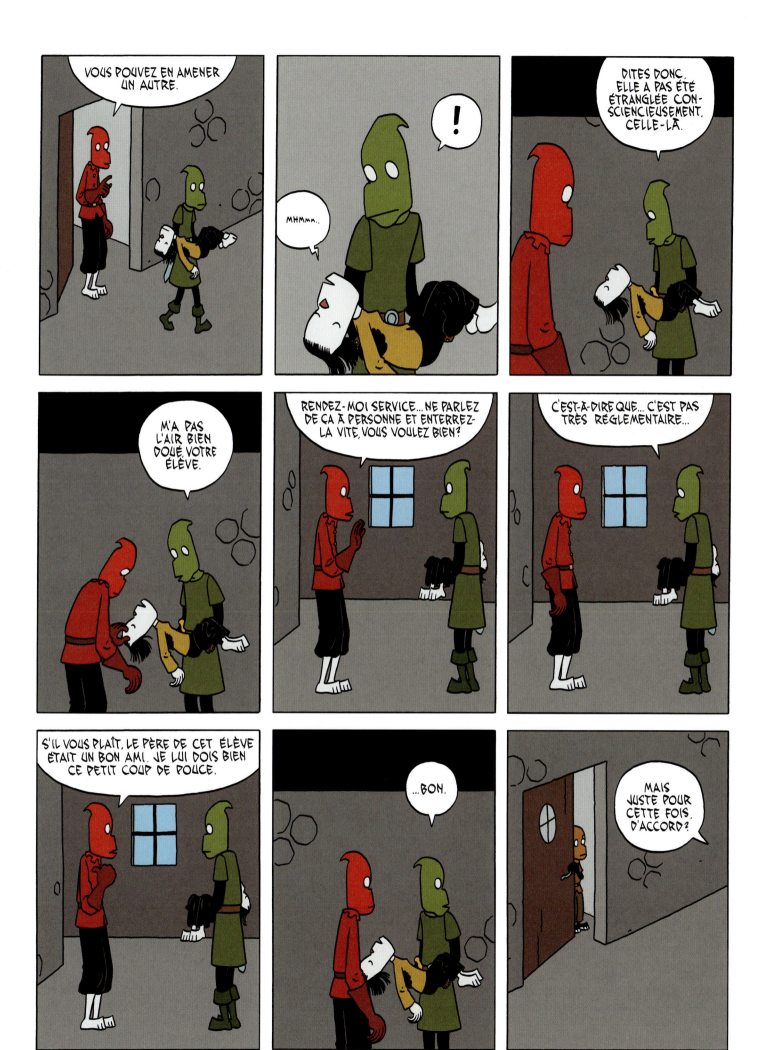

33

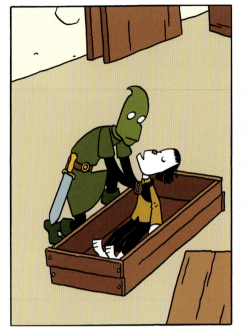

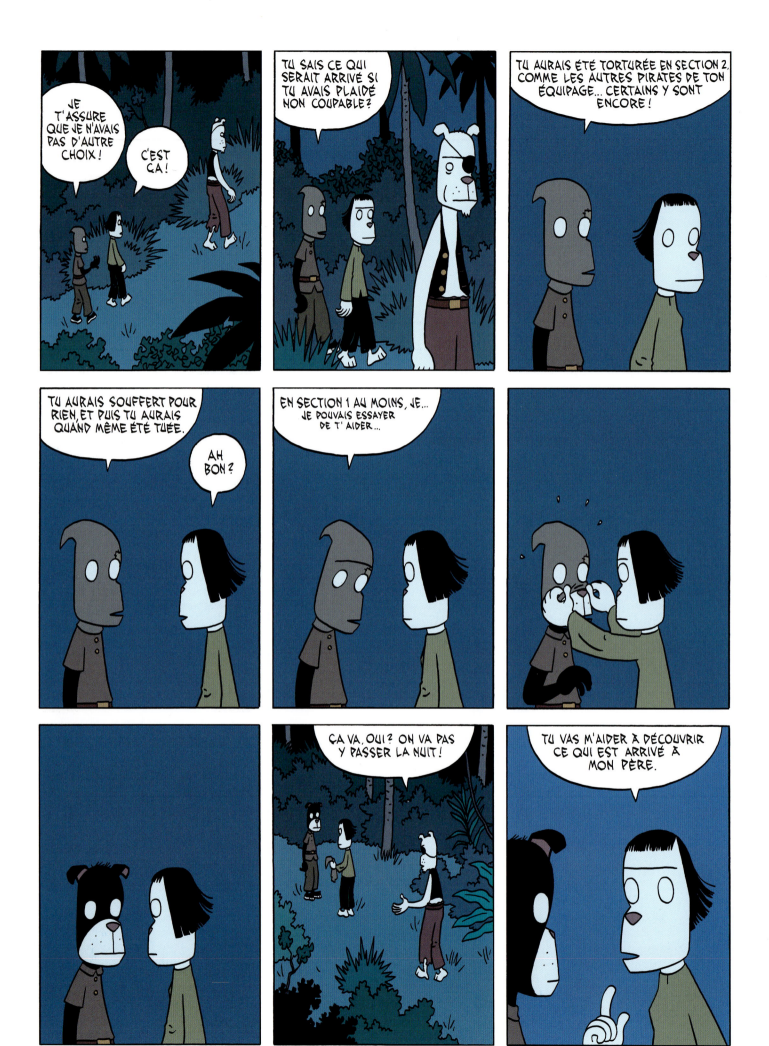

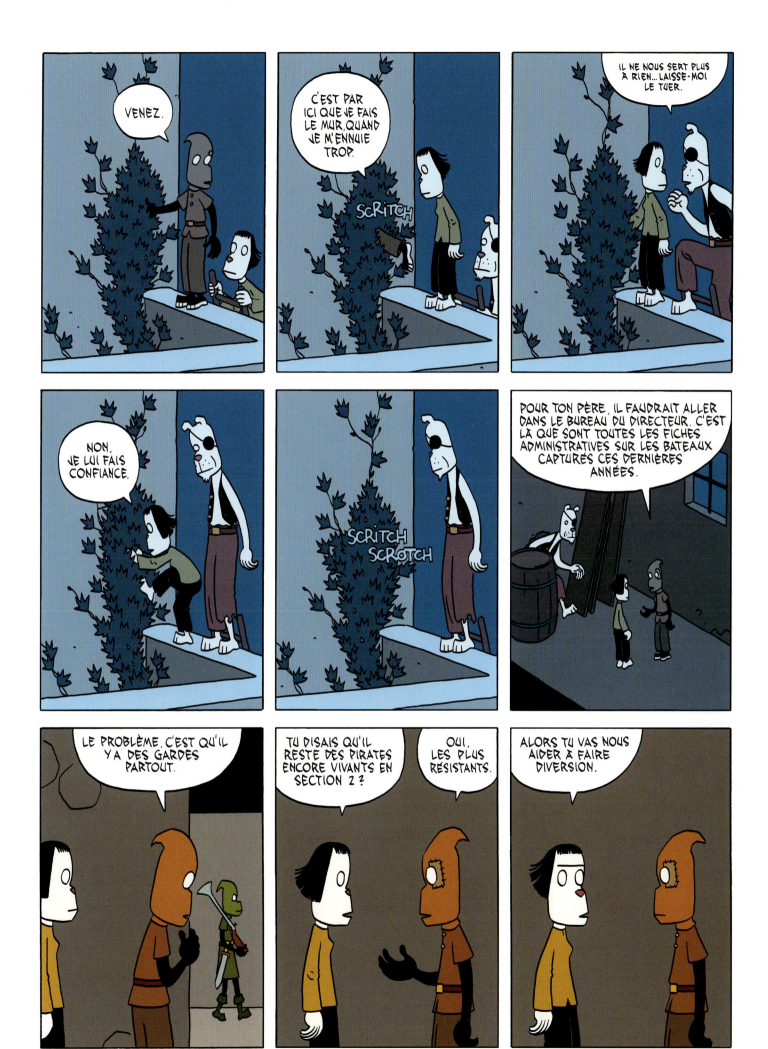

39

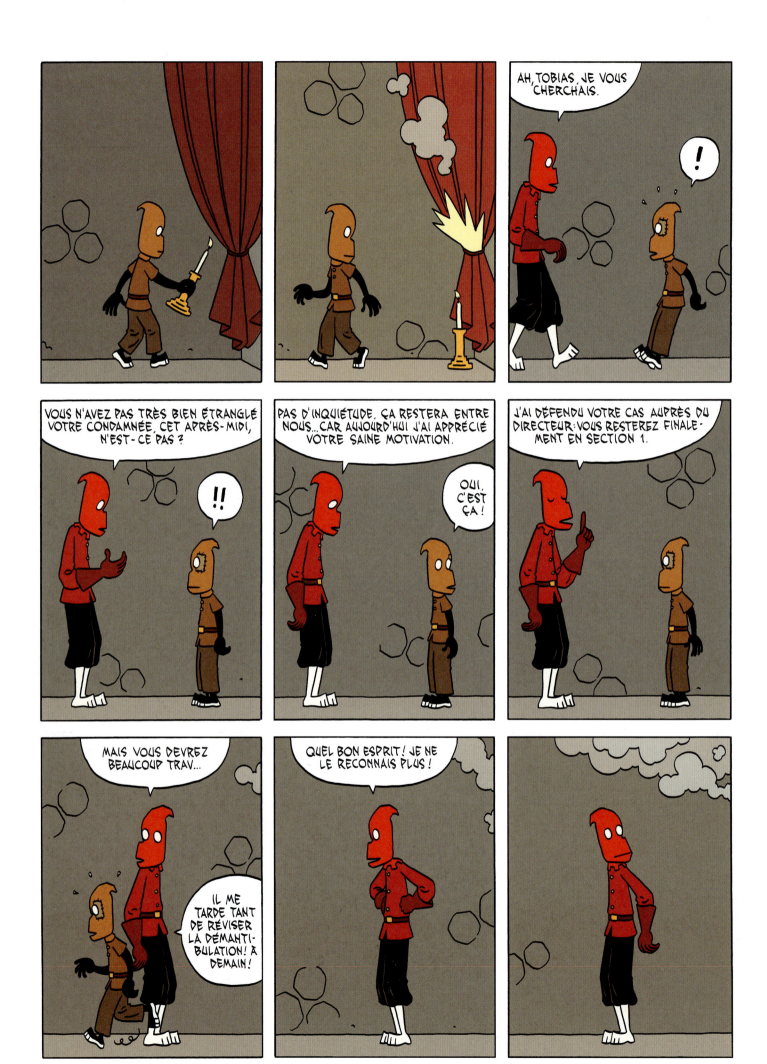

DONG DONG

ÇA SUFFIT.

VOUS VOYEZ? CETTE TECHNIQUE EST PARFAITE POUR PROVOQUER DE TERRIBLES MIGRAINES.

L'INCONVÉNIENT, C'EST QU'APRÈS LE PRÉVENU N'ENTEND PLUS VOS QUESTIONS PENDANT QUELQUES MINUTES.

DONG DONG DONG

ÇA VA ALLER, RICHARD.

DONG

J'AI DIT, ÇA SUFFIT!

C'EST PAS MOI, M'SIEUR.

DONG DONG

L'ALARME À INCENDIE!

TOUS AVEC MOI, PAS DE PANIQUE!

41

CA VA, MON-
SIEUR?

COCO...
EST...

...CON-
TENT...

PAR ICI,
PETIT...

...VA DIRE À TON
PROF QUE FINALEMENT
J'AVOUE TOUT: LE PUITS
EMPOISONNÉ, LES
MEURTRES D'ENFANTS
ET L'EXPLOSION DE
LA MATERNITÉ DE
SAINT-MALO.

EUH... EN
FAIT, JE VIENS
POUR VOUS
LIBÉRER.

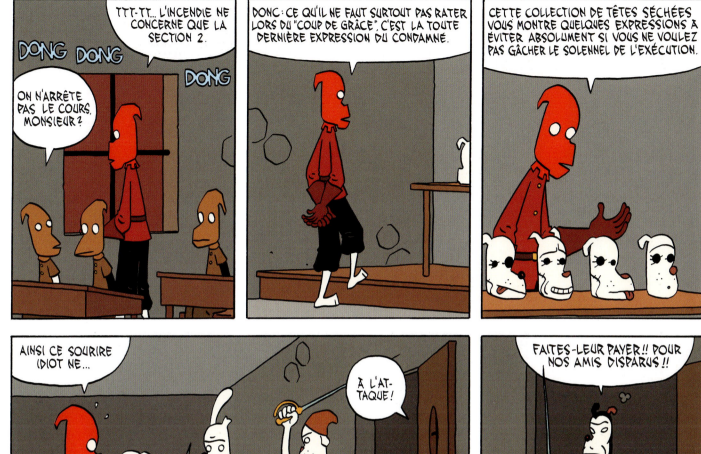

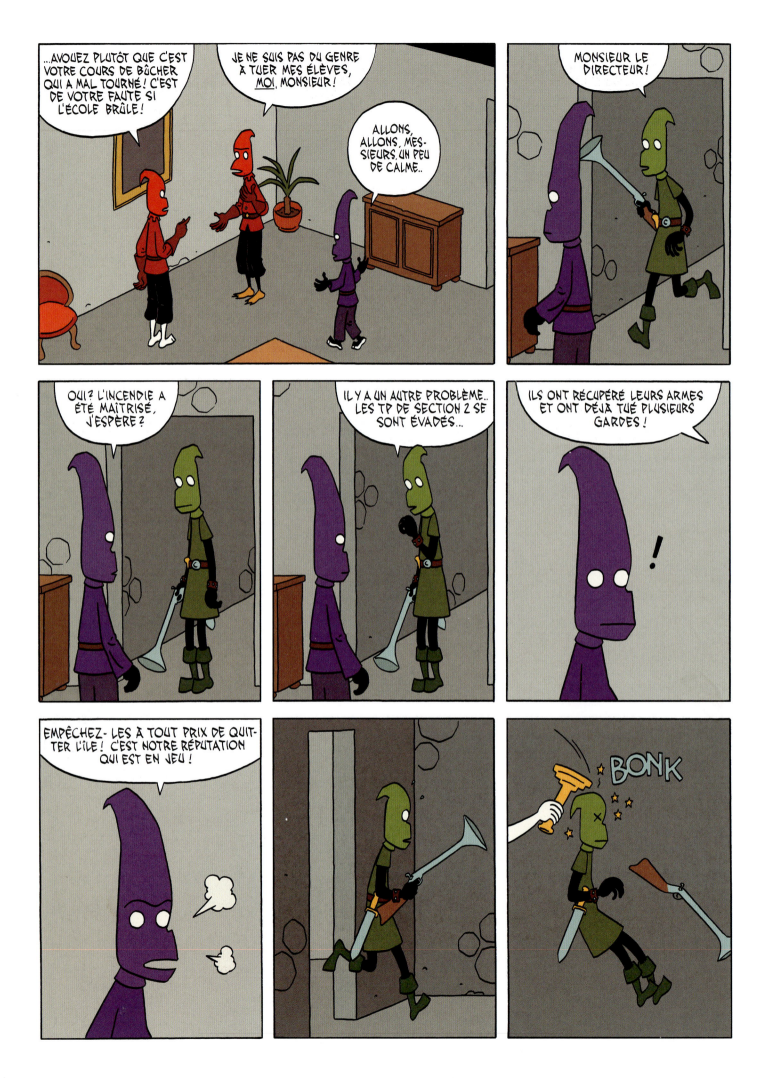

44

46

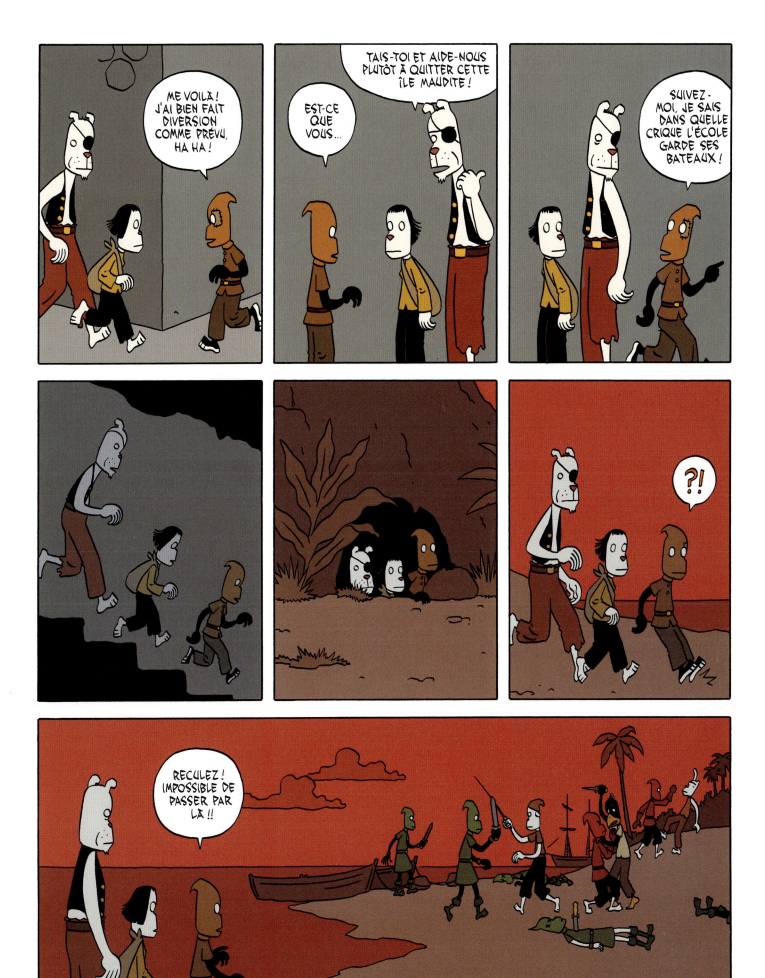

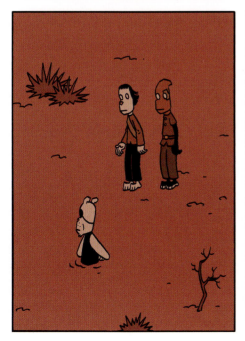

LÀ!

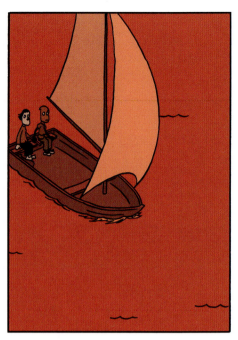

C'EST COMMENT, TON PRÉ-NOM?

TOBIAS.

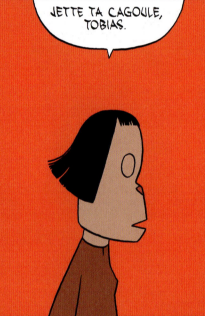

JETTE TA CAGOULE, TOBIAS.

VOILÀ POUR CES MESSIEURS.

ALFRED? Y A UNE GAMINE UN PEU MOCHE ET SON COPAIN QUI DEMANDENT À TE PARLER.

UNE GAMINE?

OUAIP. MÊME QU'ELLE PRÉTEND QUE TU T'APPELLES "WILLIAM", EN FAIT...